BEI GRIN MACHT SICH IHR WISSEN BEZAHLT

- Wir veröffentlichen Ihre Hausarbeit, Bachelor- und Masterarbeit

- Ihr eigenes eBook und Buch - weltweit in allen wichtigen Shops

- Verdienen Sie an jedem Verkauf

Jetzt bei www.GRIN.com hochladen und kostenlos publizieren

Bibliografische Information der Deutschen Nationalbibliothek:

Die Deutsche Bibliothek verzeichnet diese Publikation in der Deutschen Nationalbibliografie; detaillierte bibliografische Daten sind im Internet über http://dnb.d-nb.de/ abrufbar.

Dieses Werk sowie alle darin enthaltenen einzelnen Beiträge und Abbildungen sind urheberrechtlich geschützt. Jede Verwertung, die nicht ausdrücklich vom Urheberrechtsschutz zugelassen ist, bedarf der vorherigen Zustimmung des Verlages. Das gilt insbesondere für Vervielfältigungen, Bearbeitungen, Übersetzungen, Mikroverfilmungen, Auswertungen durch Datenbanken und für die Einspeicherung und Verarbeitung in elektronische Systeme. Alle Rechte, auch die des auszugsweisen Nachdrucks, der fotomechanischen Wiedergabe (einschließlich Mikrokopie) sowie der Auswertung durch Datenbanken oder ähnliche Einrichtungen, vorbehalten.

Impressum:

Copyright © 2009 GRIN Verlag
Druck und Bindung: Books on Demand GmbH, Norderstedt Germany
ISBN: 9783656389927

Dieses Buch bei GRIN:

https://www.grin.com/document/210614

Eric Liebau

Aufbau eines Mikrorechners auf Basis eines Mikroprozessors STR912FAW42X6

GRIN Verlag

GRIN - Your knowledge has value

Der GRIN Verlag publiziert seit 1998 wissenschaftliche Arbeiten von Studenten, Hochschullehrern und anderen Akademikern als eBook und gedrucktes Buch. Die Verlagswebsite www.grin.com ist die ideale Plattform zur Veröffentlichung von Hausarbeiten, Abschlussarbeiten, wissenschaftlichen Aufsätzen, Dissertationen und Fachbüchern.

Besuchen Sie uns im Internet:

http://www.grin.com/

http://www.facebook.com/grincom

http://www.twitter.com/grin_com

Mikrorechnerentwurf

Verwendeter Prozessor
STR912FAW42X6

Technische Informatik
Name: Eric Liebau

Datum: 30.06.2009

INHALTSVERZEICHNIS

1 Einleitung 5
2 Entwurf des Mikrorechners 6
   2.1 Beschaltung des Mikroprozessors 6
   2.2 Spannungsversorgung 6
   2.3 CAN-Verbindung 7
   2.4 JTAG-Schnittstelle 7
   2.5 Entwurf in OrCAD 8
   2.6 Pin-Belegung 13
3 Herstellung 16
   3.1 Platine 16
      3.1.1 Übermittelung der Layout-Datei 16
      3.1.2 CNC-Bohrungen 17
      3.1.3 Resist belichten 18
      3.1.4 Zinn-Strippen 19
      3.1.5 Hot Air Leveling 20
4 Test auf Funktionsfähigkeit 21
5 Quellennachweis 22
   5.1 Internet 22
      5.1.1 Documents and files for family STR9 (ARM9) - 32-bit Microcontrollers 22
      5.1.2 The Insider's Guide To The STR91x ARM9 22
      5.1.3 Texas Instruments 3.3-V CAN TRANSCEIVERS 22
      5.1.4 Citizen Crystal Unit 22
      5.1.5 Micro Crystal Switzerland 22
      5.1.6 ST LD1085xx 22

ABBILDUNGSVERZEICHNIS

Abbildung 1: Mikrocontroller 8
Abbildung 2: Stromversorgung 9
Abbildung 3: Spannungsversorgung 10
Abbildung 4: CAN-Interface 11
Abbildung 5: Steckverbinder JTAG 12
Abbildung 6: Layout-Datei „MIKRORECHNERENTWURF.MAX" 16
Abbildung 7: CNC-Bohrungen 17
Abbildung 8: UV-Härten 18
Abbildung 9: Zinn-Strippen (Ätzen) 19
Abbildung 10: Hot Air Leveling (HAL) 20

TABELLENVERZEICHNIS

Tabelle 1: Pin-Belegung 15

1 EINLEITUNG

In dieser Belegarbeit zu der Lehrveranstaltung *Mikrorechnerentwicklung* wird ein Mikrorechner auf Basis eines Mikroprozessors *STR912FAW42X6* aufgebaut.

Dieser Mikroprozessor wurde freundlicherweise von dem Hersteller **STMicroelectronics – Sales Offices Stuttgart** und **Grasbrunn** in mehrfacher Ausführung frei zur Verfügung gestellt. Ebenso wurden alle Zustellungskosten von STMicroelectronics übernommen, wofür ich meinen herzlichsten Dank aussprechen möchte.

Weiter Informationen sind zu finden unter:

- www.st.com
- www.st.com/stonline/address/offices/europe.htm#ger

2 ENTWURF DES MIKRORECHNERS

2.1 Beschaltung des Mikroprozessors

Der Mikroprozessor *STR912FAW42X6* besitzt eine Clock Control Unit. Dieser Block erzeugt ein Taktsignal f_{MSTR}. Die Frequenz des Taktsignals wird innerhalb des Mikroprozessors geteilt um einzelne Blöcke zu versorgen (siehe Quelle 5.1.1). Als ein Eingang für die Clock Control Unit können folgende drei Quellen dienen:

- Ein Hauptoszillator mit der Frequenz von 4 Mega-Hertz (MHz) bis 25 MHz, der an den Mikroprozessorspins *X1_CPU* und *X2_CPU* angeschlossen wird,
- ein innerer Phase-locked loop (PLL), der den Takt von dem Hauptoszillator benutzt und aus diesem das Taktsignal f_{MSTR} von bis zu 96 MHz generiert und
- ein externer Quarz, der an den Mikroprozessorspins *X1_RTC* und *X2_RTC* angeschlossen wird. Dieser hat eine Frequenz von 32,768 kHz und dient für die Taktversorgung in der Slow Clock Mode zur Reduzieren des Spannungsverbrauches.

Im Rahmen der Belegarbeit wird ein Quarz mit der Frequenz von 25 MHz an den *X1_CPU* und *X2_CPU* (MAIN OSCILLATOR1) und ein Quarz mit der Frequenz von 32,768 kHz an den *X1_RTC* und *X2_RTC* (REALTIME CLOCK1) angeschlossen, was in der der *Abbildung 1* zu sehen ist. Für eine stabile Arbeit des Quarzes bei seiner Resonanzfrequenz ist es notwendig ihn richtig zu beschalten. Zu der Beschaltung gehören jeweils zwei Kondensatoren *C1*, *C2* für den MAIN OSCILLATOR1 und *C3*, *C4* für den REALTIME CLOCK1 (*siehe Abbildung 1*), die parallel zu den Quarzeingängen angeschlossen sind. Die Kondensatoren bilden zusammen mit dem Quarz einen Quarzresonator. Für eine stabile Arbeit des Resonators müssen die Kondensatoren eine Kapazität besitzen, die zwei Mal so groß ist wie die Lastkapazität Quarzes, die im Datenblatt ablesbar ist. Von *Quelle 5.1.3* und *Quelle 5.1.4* **Fehler! Verweisquelle konnte nicht gefunden werden.** ausgehend wurde für *C1* = *C2* = 33pF und für *C3* = *C4* = 22pF benutzt.

Die LED *D1* bis *D3* können unter anderem für eine Statusanzeige der auf dem Mikrocontroller befindlichen Software benutzt werden. Die in diesem Beleg verwendete Testsoftware schaltet beispielsweise die LED *D1* periodisch ein und wieder aus.

Mit Hilfe der Tastenleiste *SW DIP-4* (*siehe Abbildung 1*) können weitere Eingangssignale an den Mikroprozessor übergegeben werden.

2.2 Spannungsversorgung

Der *STR912FAW42X6* muss mit zwei verschiedenen Spannungen versorgt werden. Die Central Processing Unit (CPU) und der Speicher benötigen eine Spannung von 1,65 Volt (V) bis 2,0 V. Für die I/O Pins ist eine Spannung zwischen 2,7 V und 3,6 V nötig (*siehe Quelle 5.1.1*).

Um die Spannungen zu gewährleisten, wurden zwei Spannungsregler *LD1085V18* für 1,8 V und *LD1085V33* für 3,3 V (*siehe Quelle 5.1.6*) verwendet. Am Eingang der Spannungsregler kann eine Spannung von bis zu 30V angelegt werden.

Laut *Quelle 5.1.1* muss man für den AD-Wandler eine unabhängige Spannungsversorgung und eine analoge Masse gewährleisten. Dafür wird, wie in *Quelle 5.1.2* vorgeschlagen, eine Hochfrequenz-Drossel *L1* (*siehe Abbildung 2*) verwendet. Diese wird an den Netzzweig mit 3,3 V angeschlossen und bildet zusammen mit den nachfolgenden Kondensatoren einen Filter.

Die analoge und die digitale Erde müssen eine Verbindung in dem gleichen Punkt auf der Platine besitzen. Der Punkt soll so ausgewählt werden, dass alle wegführenden Leiterwege der analogen Erde ungefähr eine gleiche Länge aufweisen. Dadurch werden alle Punkte, in denen die analoge Erde benutzt wird ein annähernd gleiches Potential haben. Der Verbindungspunkt zwischen den analogen und digitalen Erden wird bei der Entwicklung des Layouts festgelegt.

Die LED *D4* bis *D6* dienen bei diesem Layout für Indikation der Betriebsspannungen.

2.3 CAN-Verbindung

Da zu einem späteren Zeitpunkt eventuell geplant ist, eine Kommunikation über das CAN-Protokoll zwischen zwei Mikrokontrollern zu organisieren, wird der CAN-Treiber *SN65HVD230DR* (*siehe Quelle* **Fehler! Verweisquelle konnte nicht gefunden werden.**) auf der Platine platziert (*siehe Abbildung 4*). Der Treiber realisiert die physikalische Schicht der ISO 11898 Spezifikation. Andere Schichten sind in dem Mikrokontroller realisiert.

2.4 JTAG-Schnittstelle

Der Mikroprozessor *STR912FAW42X6* besitzt ein JTAG Interface. Dieses Interface ermöglicht eine sogenannte In-System-Programming (ISP) aller Speicher, Boundary Scan von allen Pins und verschiedene Debug Möglichkeiten (*siehe Quelle 5.1.1*).

Der Mikroprozessor wird vom Hersteller mit einem leeren Flash-Speicher geliefert. Deshalb muss dieser Speicher vor der Benutzung des Mikrocontrollers über JTAG programmiert werden.

Für eine Kommunikation über JTAG mit dem Mikrokontroller wird auf der Platine ein Steckverbinder (*siehe Abbildung 5*) vorgesehen. Ebenso ist es nötig an den Kontakte des Steckverbinders Pull-up oder Pull-down Widerstände anzuschließen, um gewisse Spannungspegel zu gewährleisten, wenn der Steckverbinder nicht benutzt wird. Für den Kontakt *RTCK* (*Pin Nummer 11 siehe Abbildung 5 und Tabelle 1*) sind Pull-up und Pull-down Widerstand vorgesehen. Es wird jedoch nur der Pull-down Widerstand *R51* (*siehe Abbildung 5*) verwendet. Ebenso wird der Pull-up Widerstand *R57* (*siehe Abbildung 5*) für die RESET-Funktion der JTAG-Schnittstelle nicht verwendet, da das RESET-Netz bereits einen Pull-up Widerstand *R31* (*siehe Abbildung 1*) besitzt.

2.5 Entwurf in OrCAD

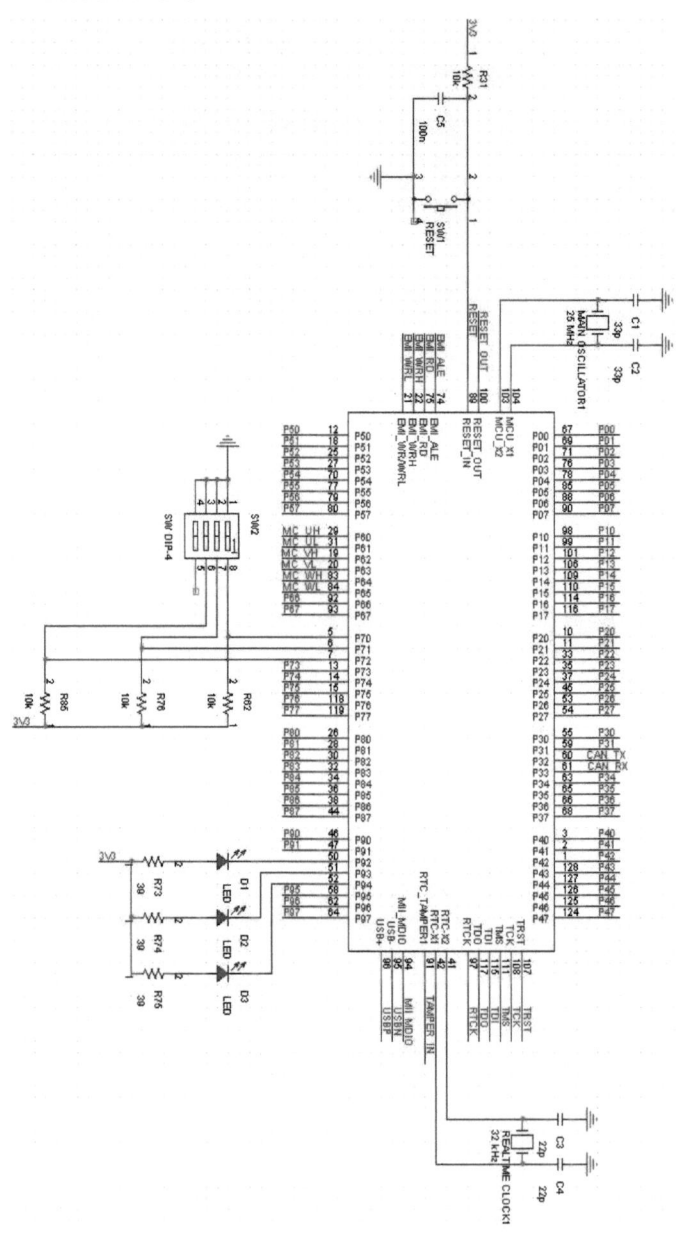

Abbildung 1: Mikrocontroller

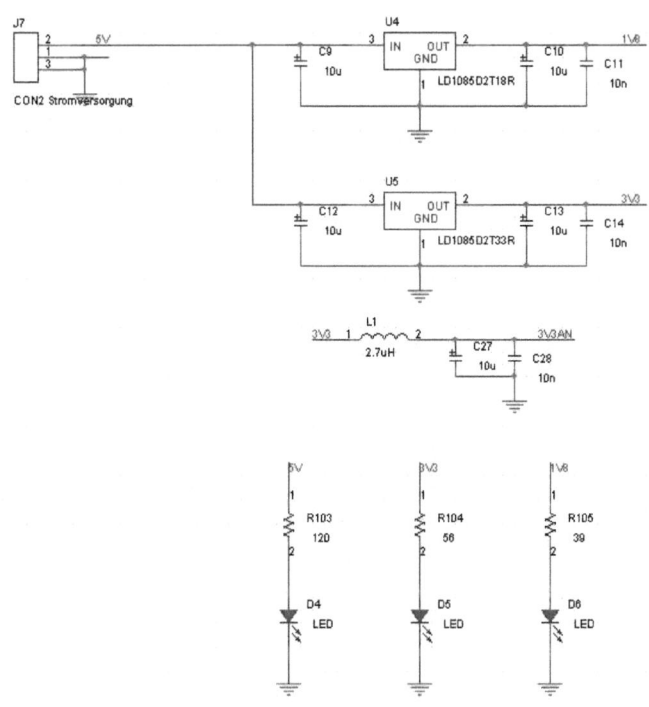

Abbildung 2: Stromversorgung

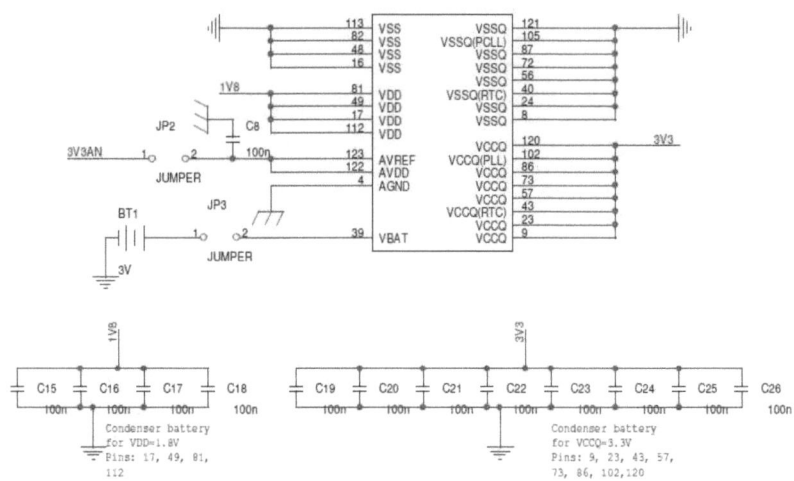

Abbildung 3: Spannungsversorgung

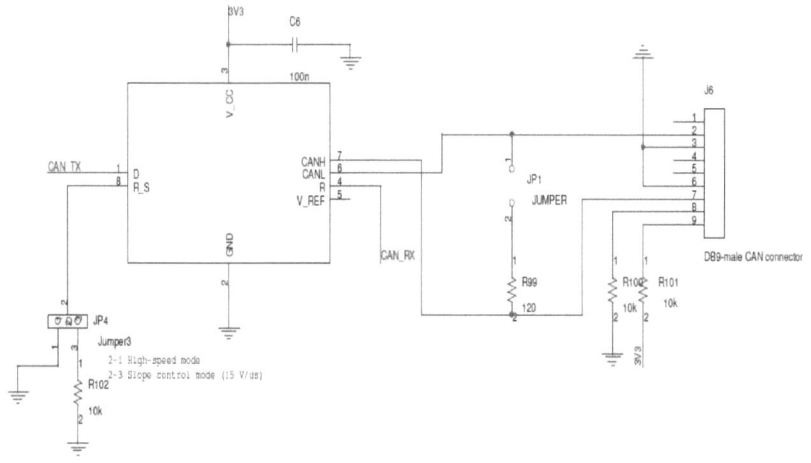

Abbildung 4: CAN-Interface

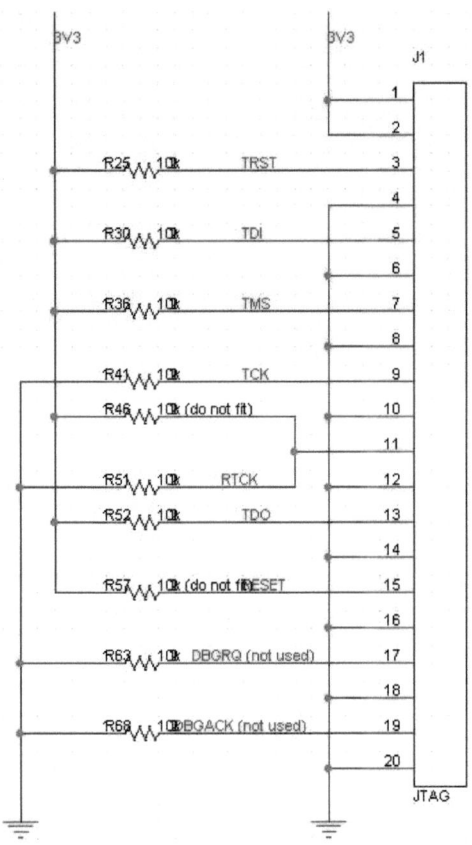

Abbildung 5: Steckverbinder JTAG

2.6 Pin-Belegung

Die *Tabelle 1* zeigt die Pin-Belegung, welche im Rahmen dieser Belegarbeit vorgesehen ist. In der Spalte *"Pin Verwendung"* wird definiert, welchen Typ der aufgelistete Pin besitzt und zu welchem Zweck er dient. Dabei sind folgende Typen möglich:

- ❖ I   Eingang
- ❖ O   Ausgang
- ❖ I/O   bidirektional
- ❖ G   Erde
- ❖ V   Spannungsversorgung

Ist der Verwendungszweck in Orange dargestellt, handelt es sich lediglich um eine mögliche Verwendung dieses Pins. Andernfalls ist der Verwendungszweck fest definiert und in Blau abgebildet. Die Pins mit einem möglichen Verwendungszweck, ebenso wie die Pins *„freier Ausgang"* und alle unbenutzte Eingänge werden an den Steckverbinder J2, J3, J4, J5 geleitet. An diesem Steckverbinder kann später eine externe Schaltung angeschlossen werden, um die Funktionalität der Platine zu erweitern. Bei allen besetzten Pins der Steckverbinder J2 bis J5 sind Plätze für Pull-up Widerstände vorgesehen. Laut *Quelle 5.1.1* sind Pull-up Widerstände von 100 Kilo-Ohm (kΩ) bei unbenutzten Eingängen notwendig, um bei diesen Pins bestimmte Spannungspegel zu erzeugen. Sollte einer dieser Pins verwendet werden, müssen weitere Lötarbeiten an der Platine durchgeführt werden.

Pin Nummer	Port		Pin Verwendung
1	P4.2	I	ADC2, ADC input chnl
2	P4.1	I	ADC1, ADC input chnl
3	P4.0	I	ADC0, ADC input chnl
4	AVSS (AGND)	G	ADC analog ground
5	P7.0	I	Taste
6	P7.1	I	Taste
7	P7.2	I	Taste
8	VSSQ	G	Digital ground for I/O and USB
9	VDDQ (VCCQ)	V	V Source for I/O and USB. 2.7V to 3.6V.
10	P2.0	I	UART0_CTS
11	P2.1	I	UART0_DSR
12	P5.0	I	
13	P7.3	I	
14	P7.4	I	
15	P7.5	I	
16	VSS	G	Digital Ground for CPU
17	VDD	V	V Source for CPU. 1.65V to 2.0V
18	P5.1	I	UART0_RxD
19	P6.2	O	Motor control MC_VH, IMC phase V hi
20	P6.3	O	Motor control MC_VL, IMC phase V lo
21	EMI_BWR_WRLn	O	EMI byte write strobe (8 bit mode) or low byte write strobe (16 bit mode).
22	EMI_WRHn	O	EMI high byte write strobe (16-bit mode)
23	VDDQ (VCCQ)	V	V Source for I/O and USB. 2.7V to 3.6V.
24	VSSQ	G	Digital ground for I/O and USB
25	PHYCLK_5.2	O	
26	P8.0	O	freier Ausgang
27	P5.3	O	MII_TX_EN
28	P8.1	O	freier Ausgang

29	P6.0	O	Motor control MC_UH, IMC phase U hi
30	P8.2	O	freier Ausgang
31	P6.1	O	Motor control MC_UL, IMC phase U lo
32	P8.3	O	freier Ausgang
33	P2.2	I	UART0_DCD
34	P8.4	O	freier Ausgang
35	P2.3	I	UART0_RI
36	P8.5	O	freier Ausgang
37	P2.4	I	EXTCLK_T0T1 Ex t clk timer 0/1
38	P8.6	O	freier Ausgang
39	VBATT	V	Standby voltage input for RTC and SRAM backup
40	VSSQ	G	Digital ground for I/O and USB
41	X2_RTC	O	RTC crystal connection
42	X1_RTC	I	RTC oscillator or crystal input (32.768 kHz)
43	VDDQ (VCCQ)	V	V Source for I/O and USB. 2.7V to 3.6V.
44	P8.7	O	freier Ausgang
45	P2.5	I	EXTCLK_T2T3 Ex t clk timer 2/3
46	P9.0	O	freier Ausgang
47	P9.1	O	freier Ausgang
48	VSS	G	Digital Ground for CPU
49	VDD	V	V Source for CPU. 1.65V to 2.0V
50	P9.2	O	LED
51	P9.3	O	LED
52	P9.4	O	LED
53	P2.6	O	
54	USBCLK_P2.7	I	USB external clock 48MHz
55	P3.0	O	
56	VSSQ	G	Digital ground for I/O and USB
57	VDDQ (VCCQ)	V	V Source for I/O and USB. 2.7V to 3.6V.
58	P9.5	O	freier Ausgang
59	P3.1	I	UART2_RxD
60	P3.2	O	CAN_TX
61	P3.3	I	CAN_RX
62	P9.6	O	freier Ausgang
63	P3.4	O	UART0_TX
64	P9.7	O	freier Ausgang
65	P3.5	O	UART2_TX
66	P3.6	O	
67	P0.0	I	MII_TX_CLK
68	P3.7	O	TIM1_PWMA
69	P0.1	O	
70	P5.4	O	
71	P0.2	I	MII_RXD0
72	VSSQ	G	Digital ground for I/O and USB
73	VDDQ (VCCQ)	V	V Source for I/O and USB. 2.7V to 3.6V.
74	EMI_ALE	O	
75	EMI_RDn	O	
76		I	MII_RXD1
77	P5.5	O	
78	P0.4	I	MII_RXD2
79	P5.6	O	
80	P5.7	O	
81	VDD	V	V Source for CPU. 1.65V to 2.0V
82	VSS	G	Digital Ground for CPU
83	P6.4	O	Motor control MC_WH, IMC phase W hi

84	P6.5	O	Motor control MC_WL, IMC phase W lo	
85	P0.5	I	MII_RXD3	
86	VDDQ (VCCQ)	V	V Source for I/O and USB. 2.7V to 3.6V.	
87	VSSQ	G	Digital ground for I/O and USB	
88	P0.6	I	MII_RX_CLK	
89	RESET_IN	I	External reset input	
90	P0.7	I	MII_RX_DV	
91	TAMPER_IN	I	Tamper detection input	
92	P6.6	I	EXINT22_TRIG, Ext Intr & Tach	
93	P6.7	I	EXINT23_STOP, Ext Intr & Estop	
94	MII_MDIO	I/O	MAC/PHY managment data line	
95	USBDN	I/O	USB data (-) bus connect	
96	USBDP	I/O	USB data (+) bus connect	
97	JRTCK	O	JTAG return clock or RTC clock	
98	P1.0	I	MII_RX_ER	
99	P1.1	O	MII_TXD0	
100	RESET_OUT	O	Global or System reset output	
101	P1.2	O	MII_TXD1	
102	VDDQ (VCCQ)	V	V Source for I/O and USB. 2.7V to 3.6V.	
103	X2_CPU	O	CPU crystal connection	
104	X1_CPU	I	CPU oscillator or crystal input	
105	VSSQ	G	Digital ground for I/O and USB	
106	P1.3	O	MII_TXD2	
107	JTRSTn	I	JTAG TAP controller reset	
108	JTCK	I	JTAG clock	
109	P1.4	O	MII_TXD3	
110	P1.5	I	MII_COL	
111	JTMS	I	JTAG mode select	
112	VDD	V	V Source for CPU. 1.65V to 2.0V	
113	VSS	G	Digital Ground for CPU	
114	P1.6	I	MII_CRS	
115	JTDI	I	JTAG data in	
116	P1.7	O	MII_MDC	
117	JTDO	O	JTAG data out	
118	P7.6	I		
119	P7.7	I		
120	VDDQ (VCCQ)	V	V Source for I/O and USB. 2.7V to 3.6V.	
121	VSSQ	G	Digital ground for I/O and USB	
122	AVDD	V	ADC analog voltage source, 2.7V - 3.6V	
123	AVREF	V	ADC reference voltage input	
124	P4.7	I	ADC7, ADC input chnl/ADC Ext. trigger	
125	P4.6	I	ADC6, ADC input chnl	
126	P4.5	I	ADC5, ADC input chnl	
127	P4.4	I	ADC4, ADC input chnl	
128	P4.3	I	ADC3, ADC input chnl	

Tabelle 1: Pin-Belegung

3 HERSTELLUNG

3.1 Platine

Die Herstellung der Platine erfolgt über einen kostenpflichtigen Drittanbieter, da hochschulische Herstellungsvarianten bei den Pin-Abständen des Mikroprozessors *STR912FAW42X6* von weniger als 0,3 Millimeter zu Problemen führen könnten.

Einen hervorragenden Support zu vertretbaren Preisen wies dabei BetaLayout GmbH – PCB-Pool auf. Im Folgenden sind einige Arbeitsschritte mit Bildmaterial der Leiterplatte dokumentiert.

3.1.1 Übermittelung der Layout-Datei

Damit der Herstellungsprozess beginnen kann, müssen dem Hersteller alle Layout-Dateien übermittelt werden. Für die in dieser Belegarbeit verwendete Platine wurde die OrCAD-Datei *MIKRORECHNERENTWURF.MAX* verwendet.

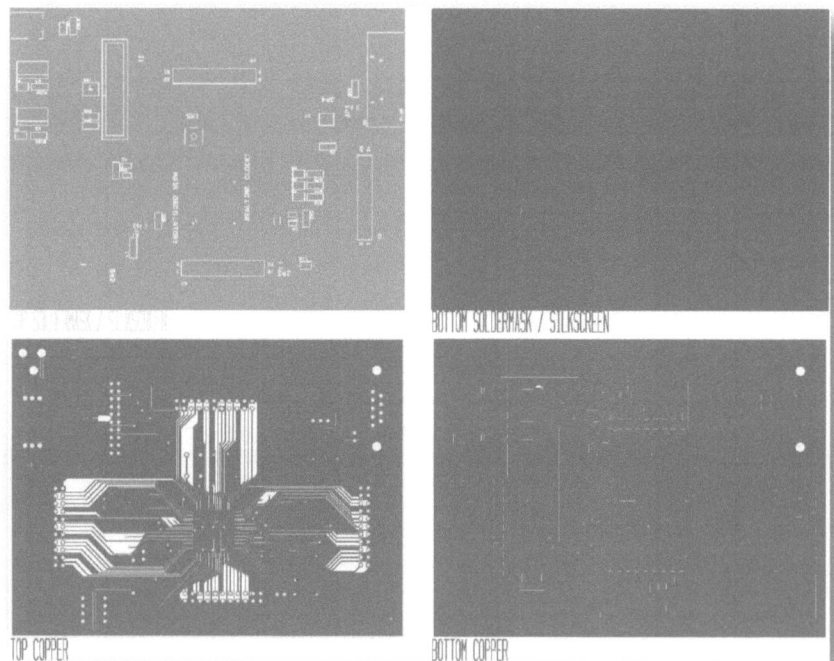

Abbildung 6: Layout-Datei „MIKRORECHNERENTWURF.MAX"

3.1.2 CNC-Bohrungen

Mit Hilfe von CNC-Bohrmaschinen werden die Durchkontaktierungen und Bauteilbohrungen gebohrt.

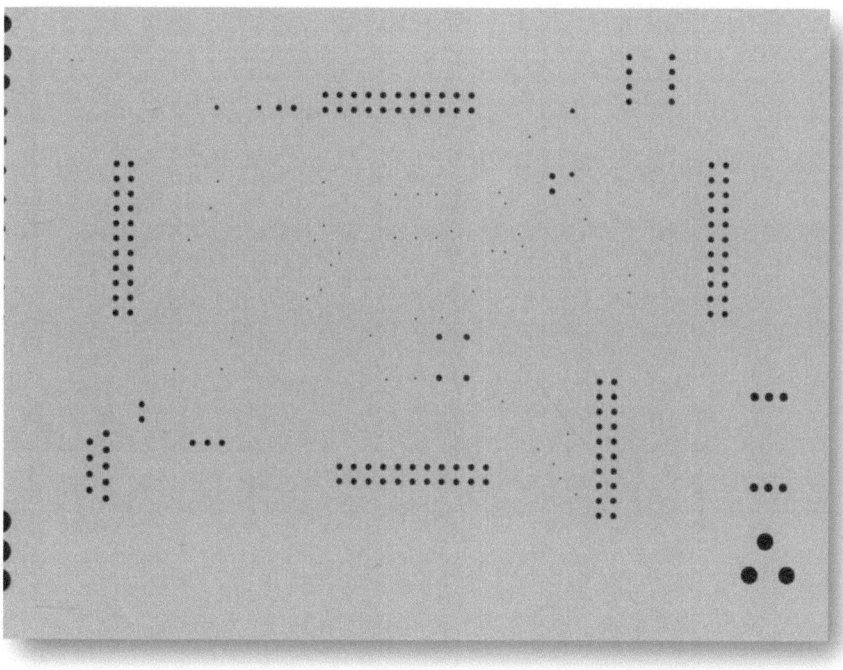

Abbildung 7: CNC-Bohrungen

3.1.3 Resist belichten

Mit den bereits erstellten Fotoplots wird das Resist belichtet.

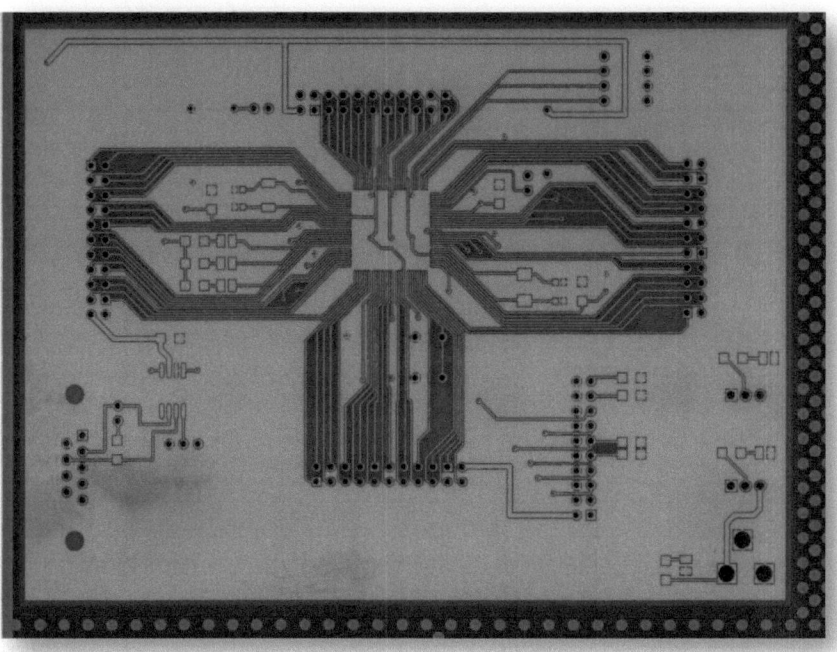

Abbildung 8: UV-Härten

3.1.4 Zinn-Strippen

Eine Ammoniaklösung wird auf die Kupferschicht aufgesprüht, wodurch das freiliegende Kupfer herausgelöst wird, während das galvanisch aufgebrachte Zinn die Leiterbahnen und Pads schützt.

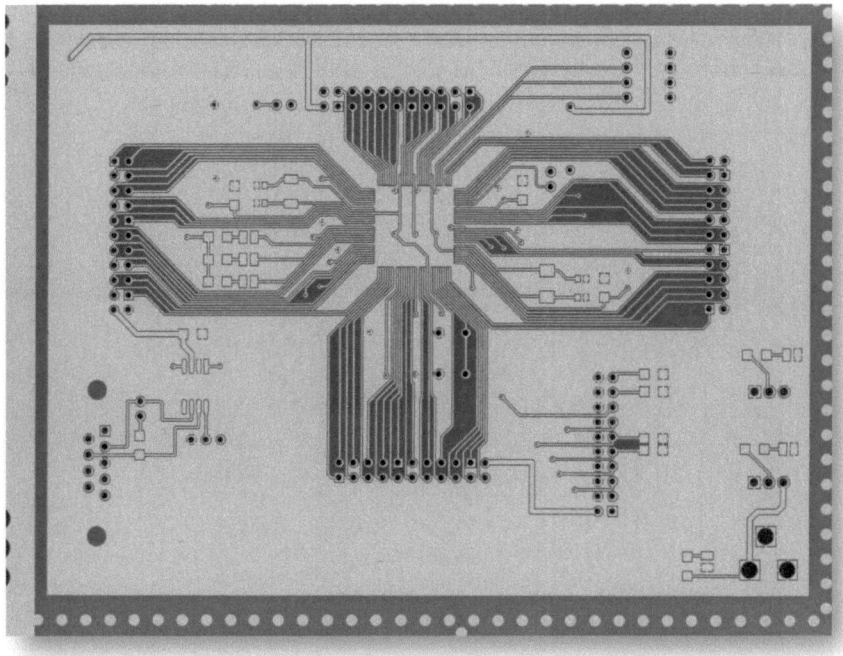

Abbildung 9: Zinn-Strippen (Ätzen)

3.1.5 Hot Air Leveling

Zur Oberflächenbeschichtung werden die Pads in einer Heißluftverzinnungsanlage bei ca. 270°C verzinnt. Dabei wird die Leiterplatte in das flüssige Zinn eingetaucht und mit einem Druck von circa 5 Bar mit vorgewärmter Luft abgeblasen.

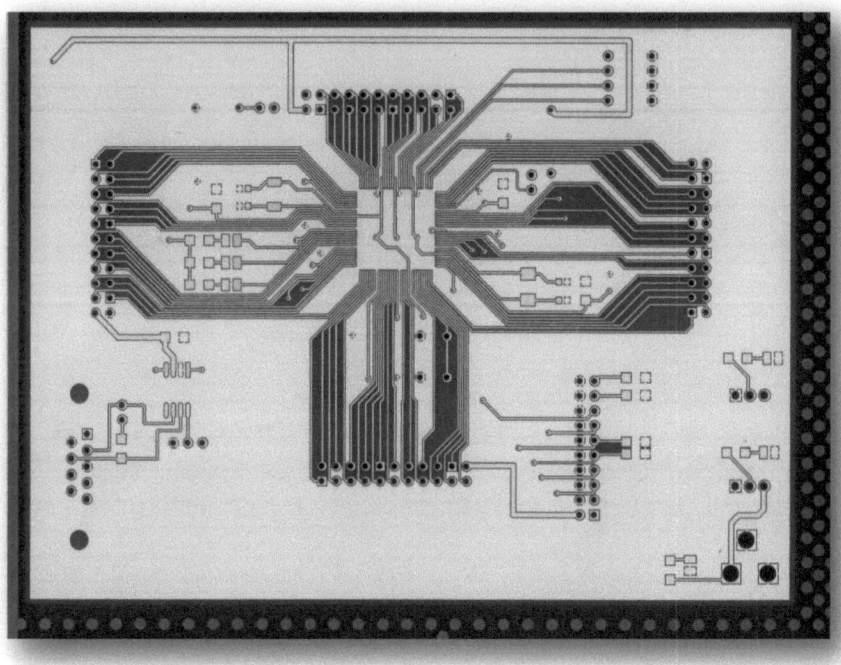

Abbildung 10: Hot Air Leveling (HAL)

4 TEST AUF FUNKTIONSFÄHIGKEIT

Für den Test eines Mikrocontrollers stellt STMicroelectronics auf deren Website Beispielprojekte zum freien Herunterladen zur Verfügung.

Eine solche Test-Software wurde für den des entworfenen Mikrorechners benutzt und in der Entwicklungsumgebung *Keil uVision3* an das Projekt angepasst. Die Übertragung der Software auf den Mikrocontroller findet über das JTAG-Interface statt und wird in dem Flashspeicher des *STR912FAW42X6* abgelegt.

Die Funktion der Testsoftware besteht darin die LED *D1* ein- und nach einer Wartezeit wieder auszuschalten. Dadurch ist eine blinkende LED *D1* realisiert.

5 QUELLENNACHWEIS

5.1 Internet

5.1.1 Documents and files for family STR9 (ARM9) - 32-bit Microcontrollers
STR91xFA Product Catalog P/N's STR912FAW42. ARM966E-S™ 16/32-Bit Flash MCU with Ethernet, USB, CAN, AC Motor Control, 4 Timers, ADC, RTC, DMA. Rev.2

http://www.st.com/stonline/products/literature/ds/12274.pdf
zuletzt abgerufen am 03.02.2009, um 15:30 Uhr

5.1.2 The Insider's Guide To The STR91x ARM9
STR910-EVAL. Description of STR910 evaluation board and implemented features. Includes archived board schematics. Rev.3

http://www.st.com/stonline/products/support/micro/files/hitex_str912.pdf
zuletzt abgerufen am 03.02.2009, um 17:12 Uhr

5.1.3 Texas Instruments 3.3-V CAN TRANSCEIVERS
Texas Instruments 3.3-V CAN TRANSCEIVERS SN65HVD230, SN65HVD231, SN65HVD232

http://focus.ti.com/lit/ds/symlink/sn65hvd231.pdf
zuletzt abgerufen am 17.02.2009, um 11:04 Uhr

5.1.4 Citizen Crystal Unit
Citizen CS10 AT-CUT Crystal Unit

http://www.citizencrystal.com/images/pdf/m-cs10.pdf
zuletzt abgerufen am 06.02.2009, um 16:24 Uhr

5.1.5 Micro Crystal Switzerland
Micro Crystal Switzerland CC4V-T1A Tuning Fork Crystal

http://www.microcrystal.com/CMSPages/GetFile.aspx?nodeguid=69b1d10c-9b33-4563-ab93-5b7977463851
zuletzt abgerufen am 06.02.2009, um 16:36 Uhr

5.1.6 ST LD1085xx
ST LD1085 SERIES 3A - low drop positive voltage regulator adjustable and fixed

http://www.st.com/stonline/products/literature/ds/6738.pdf
zuletzt abgerufen am 04.02.2009, um 14:53 Uhr

BEI GRIN MACHT SICH IHR WISSEN BEZAHLT

- Wir veröffentlichen Ihre Hausarbeit, Bachelor- und Masterarbeit

- Ihr eigenes eBook und Buch - weltweit in allen wichtigen Shops

- Verdienen Sie an jedem Verkauf

Jetzt bei www.GRIN.com hochladen und kostenlos publizieren